Wolfgang Hensel

Deine Meerschweinchen

KOSMOS

Das solltest du wissen

➡ Zuerst etwas für deine Eltern

Liebe Eltern! Ein Meerschweinchen ist kein Stofftier, sondern ein lebendes, empfindsames Wesen. Auch wenn Ihr Kind seine Tiere noch so sehr lieb hat, ermahnen Sie es, stets vorsichtig und rücksichtsvoll zu sein, und unterstützen Sie es bei der Versorgung, Pflege und Fütterung.

➡ So machst du alles richtig

Wenn deine Meerschweinchen ins Haus kommen, lass ihnen etwas Zeit. Sie müssen sich erst an dich und dein Zimmer gewöhnen.

Achte stets darauf, dass Käfig, Futterschale und Tränke sauber sind.

Füttere deine Meerschweinchen regelmäßig und abwechslungsreich.

Auch Meerschweinchen brauchen ihre Ruhe. Danach werden sie umso lieber mit dir spielen.

Wenn du unsicher bist, frage deine Eltern, den Verkäufer im Zoogeschäft oder den Tierarzt.

Klecks liebt zarte Möhrchen.

Das sind meine Meerschweinchen

In der freien Natur leben Meerschweinchen in großen Familien zusammen. Allein fühlen sie sich einsam. Deshalb brauchen sie auch bei dir zu Hause einen Freund. Dann können sie sich miteinander beschäftigen, wenn du keine Zeit hast.

Meine Meerschweinchen heißen ....

.... ist ein Männchen / Weibchen

.... ist ein Männchen / Weibchen

Ich habe sie bekommen am ....

Ihre Rasse heißt ....

Sie sind .... Wochen alt.

Hier kannst du das schönste Foto deiner Meerschweinchen einkleben oder deine Meerschweinchen malen.

Der erste Tag mit meinen Meerschweinchen

Heute sehen deine Meerschweinchen zum ersten Mal ihre neue Wohnung. Sie sind sehr ängstlich und bleiben zunächst in der Transportbox hocken. Habe etwas Geduld, denn sie sind neugierig und werden bald von alleine herauskommen.

➡️ Auf dem Weg vom Zoogeschäft bis zu dir nach Hause bleiben die Meerschweinchen in ihrer Transportbox. Lass die Box zu und deck sie zum Schutz vor starker Sonne ab. Im Winter musst du die Box mit einem Handtuch vor Zugluft schützen.

Wusstest du ...

Es ist ziemlich schwierig, das Geschlecht eines jungen Meerschweinchens festzustellen. Der Zoohändler kann das für dich tun. Am besten vertragen sich zwei Weibchen, die sich schon kennen. Bei einem Pärchen gibt es schnell Nachwuchs. Dein Tierarzt weiß ein sicheres Mittel dagegen.

Im Buch sind viele Möhren versteckt.

Beobachte deine Meerschweinchen

Zu Hause angekommen, kannst du die Transportbox öffnen, in den Käfig stellen und beobachten, was deine Tiere tun.

? Wie lange bleiben sie in der Transportbox hocken? ....

? Wer steckt seine Nase als Erster heraus? ....

? Was tun sie als Erstes? ....

? Erkunden sie ihr Schlafhäuschen? ....

? Machen sie zuerst ein ausgiebiges Schläfchen? ....

? Mögen sie die Apfelstückchen, die du ihnen hingelegt hast? ....

? Trinken sie aus ihrer neuen Tränke? ....

? Rennen sie in ihre Schlafhäuschen, wenn du ihnen zu nahe kommst? ....

➡ Sobald deine Meerschweinchen in ihrem Käfig herumlaufen, zufrieden grunzen und sich putzen, darfst du sie vorsichtig mit einem Leckerbissen locken. Rede leise mit ihnen, dann gewöhnen sie sich an deine Stimme. Wenn sie weglaufen oder dich zwicken, musst du ihnen noch etwas Zeit geben, bis sie sich freiwillig streicheln lassen.

➡ Mit etwas Einstreu aus ihrem alten Käfig fühlen sich die Meerschweinchen in ihrer Transportbox sicherer.

Die Meerschweinchen-wohnung

Hier erfährst du, wie du die Wohnung für deine Meerschweinchen einrichtest. Wenn deine Meerschweinchen bei schönem Wetter im Garten spielen dürfen, fühlen sie sich besonders wohl.

➡️ Nun stellst du das **Schlafhäuschen** hinein.

➡️ Zuerst wird der Boden des Käfigs dick mit **frischer Streu** aufgefüllt.

➡️ Nachdem du die Treppe oder anderes Spielzeug hineingestellt hast, wird das **Gitter** aufgesetzt.

➡️ Zum Schluss kommt eine saubere **Futterschale** mit frischem Futter hinein.

➡️ In diesem **Gehege** können deine Meerschweinchen wunderbar im Garten spielen. Ein Netz über dem Zaun schützt sie vor Katzen und Raubvögeln.

Das brauchen meine Meerschweinchen

Damit sich deine Meerschweinchen in ihrem neuen Zuhause wohl fühlen, brauchen sie ein paar wichtige Sachen. Du bekommst sie im Zoogeschäft. Dort gibt es auch Einstreu für den Käfig und das richtige Futter.

Nippeltränke, Napf und Futterautomat

Meerschweinchen trinken aus einer Nippeltränke. Frisches Futter bekommen sie in einem stabilen Napf, Fertigfutter aus einem Futterautomaten.

Schlafhäuschen

Jedes Tier braucht sein eigenes Schlafhäuschen. Wer welches bekommt, machen sie untereinander aus. Wenn sie sich entschieden haben, kannst du ihre Namen mit ungiftiger Farbe darauf schreiben.

Turngeräte

Tonröhren, Wurzelstücke oder ein Häuschen mit Rampe halten deine Meerschweinchen in Bewegung. So wird ihnen nie langweilig, während du in der Schule bist.

Ein Käfig für zwei Meerschweinchen

Ein geräumiger Käfig ist 80 x 40 x 40 cm groß und hat eine abnehmbare Bodenschale, die man gut reinigen kann. Sie wird immer mit frischer, sauberer Einstreu gefüllt.

Außerdem brauchen deine Meerschweinchen

Nageholz für die Zähne
Ziegelsteine, um die Krallen abzunutzen
Mineralienleckstein
Heuraufe

So werdet ihr Freunde

Meerschweinchen sind nur am Anfang vorsichtig und scheu. Es ist aber ganz leicht, ihr Vertrauen zu gewinnen. Du brauchst nur etwas Geduld, dann werdet ihr rasch Freunde.

➡ Lege dich vor deine Meerschweinchen. Rede leise mit ihnen. Wenn sie deine Stimme kennen, lassen sie sich leichter anlocken.

➡️ Biete ihnen Apfel- oder Möhrenstückchen an. Versuche aber nicht, von oben nach ihnen zu greifen, sonst bekommen sie Angst. Wenn dich deine Tiere richtig gut kennen, nehmen sie das Futter ohne Scheu direkt aus deiner Hand.

➡️ Wenn du dich ganz klein machst, hat dein Meerschweinchen keine Angst und kann dich ausgiebig beschnuppern.

➡️ Meerschweinchen haben sehr leichte Knochen. Streichele sie immer zart und vorsichtig — festes Knuddeln vertragen sie nicht.

Freilauf im Kinderzimmer

Inzwischen seid ihr die besten Freunde — du und deine Meerschweinchen. Jetzt können sie auch dein Zimmer erkunden. Allerdings dürfen sie nie allein bleiben, sonst stellen sie vielleicht Unsinn an.

Sieht dein Zimmer so ähnlich aus wie hier gezeichnet?

Wenn nicht, dann male deinen eigenen Plan auf ein Blatt. Zeichne ein, wo der Käfig steht. Nun kannst du Meerschweinchendetektiv spielen. Wohin rennen deine Tiere? Nehmen sie immer dieselben Wege? Trag ihre Wege in den Plan ein.

Mein Lieblingsplatz

Hier kannst du eintragen, wo sich deine Meerschweinchen am liebsten aufhalten und spielen.

....

....

....

....

....

....

Oh, ein Missgeschick!

Leider sind Meerschweinchen nicht besonders stubenrein. Es kann immer passieren, dass sie mitten im Zimmer köteln. Den Kot kann man leicht entfernen, aber Urinflecken sind unangenehm.
Am besten stellst du ihnen eine flache Plastikschale mit etwas Streu aus dem Käfig hin. Belohne sie mit einer Leckerei, wenn sie diese Toilette benutzen, dann gewöhnen sie sich daran.

Vorsicht!

➤ **Elektrokabel** Meerschweinchen nagen gerne.

➤ **Offene Türen** und Schubladen: Sie könnten zufallen und deine Tiere verletzen.

➤ **Offene Balkontüren** Die Meerschweinchen könnten herunterfallen.

➤ **Giftige Pflanzen** Meerschweinchen knabbern alles Grüne an.

An einem Ziegelstein kann sich dein Meerschweinchen hoch strecken.

Spiel mit mir!

Obwohl Meerschweinchen robust aussehen, sind sie sehr empfindlich. Daher musst du dir Spiele ausdenken, bei denen sie sich nicht verletzen können. Außerdem mögen sie keinen Krach und weder laute Musik noch lautes Geschrei.

➡ Leg ein **Apfelstückchen** auf das Häuschen. Was machen deine Meerschweinchen?

Bau deinen Meerschweinchen eine **Formel-1-Strecke** zum Laufen auf.
Röhren und Höhlen lieben sie ganz besonders.
Eine Korkeichenrinde oder eine Tonröhre sind eine prima Höhle.
Lock sie mit Leckerbissen um die Hindernisse. Wer ist der Schnellste von ihnen?

Die Meerschweinchen-sprache

Frei lebende Meerschweinchen müssen sich mit den anderen Tieren in ihrer Gruppe verständigen. Sie unterhalten sich über Töne und Bewegungen. Beobachte deine Tiere und höre ihnen genau zu, dann wirst du sie verstehen. Wenn sie jedoch quieken oder sich in eine Ecke drücken, haben sie Angst.

Die wichtigsten Sätze der Meerschweinchensprache

Glucksen, Grunzen
„Ich bin zufrieden."
Quieken, Pfeifen
„Ich möchte eine Leckerei."
Zischen oder Zähneklappern
„Vorsicht, ich bin wütend."
Häufiges, kurzes Quieken
„Ich habe Angst."

➜ Körperpflege

Zufriedene Meerschweinchen lassen sich durch nichts stören. Dann reinigen sie jeden Zentimeter ihres Körpers peinlich genau.

Meerschweinchen können sich aber auch ohne Töne verständigen. Sie benutzen ihre Nasen, die Beine und den ganzen Körper. Die anderen Meerschweinchen verstehen sie gut. Du auch?

Was machen deine Meerschweinchen, wenn du ins Zimmer kommst?

....

Wann schnuppern deine Meerschweinchen neugierig?

....

Wann putzen sich deine Meerschweinchen?

....

Machen deine Tiere besondere Geräusche? Welche?

....

➡ **Recken**

Wenn sich dein Meerschweinchen reckt, ist es neugierig und schnuppert. Vielleicht hat es etwas Leckeres gerochen.

➡ **Kuscheln**

Die beiden kuscheln behaglich, wie in ihrer Höhle. So können sie sich beschnuppern und die Wärme des anderen spüren.

„Hast du vielleicht meine Möhrchen gesehen?"

Futter und Leckereien

Deine Tiere essen Pflanzen, Gemüse und Früchte. Stelle ihnen immer frisches Futter und Heu in den Käfig. Ein gesundes Tier nimmt täglich 40 bis 60 kleine Mahlzeiten zu sich und braucht stets frisches Wasser. Im Zoogeschäft kannst du auch Fertigfutter kaufen.

Das mögen meine Meerschweinchen am liebsten

....

....

....

....

Gesundes Futter	Vorsicht, verboten!
Fertigfutter	Rohe Kartoffeln
Heu	Rohe Bohnen
Frische, ungespritzte Zweige	Kohl
Frische, ungespritzte Wildpflanzen	Grüner Salat
Obst und Gemüse	Altes Brot
Ein Vitamin-C-Präparat ist lebensnotwendig!	Süßigkeiten und Kuchen

Geschält und klein geschnitten

Frisches Obst wird geschält und in Stücke geschnitten. Auch das Gemüse musst du etwas kleiner schneiden.

Leckerbissen

Möhren, Äpfel, Paprika, Gurken und Petersilie knabbern deine Meerschweinchen besonders gern.

Und so bleiben sie gesund

Alle Meerschweinchen haben einen „Trick", damit sie gesund bleiben: Sie essen einen Teil ihres Kotes, den Blinddarmkot! Wenn du das beobachtest, lass deine Tiere in Ruhe. Kotessen ist für sie überhaupt nicht eklig. Darin sind nämlich wichtige Vitamine und Bakterien enthalten, die deine Tiere unbedingt brauchen.

Ein Meerschweinchentag

Jeden Morgen, wenn du aufgestanden bist und dich gewaschen hast, beginnt dein Tag mit dem Frühstück. Danach musst du in die Schule. Wie verbringen eigentlich deine Meerschweinchen ihren Tag? In den Ferien kannst du herausfinden, was sie den Tag über machen.

So verbringe ich meinen Tag

So verbringen meine Meerschweinchen ihren Tag

Meerschweinchen sind muntere Tiere. Dauernd haben sie etwas zu tun. Sie laufen gerne in ihrem Käfig herum, knabbern an den frischen Pflanzen, suchen Leckereien oder nuckeln an ihrer Tränke. Du wirst immer wieder etwas Neues bemerken, wenn du ihnen zuschaust. Wenn sie sich zum Schlafen in ihre Häuschen zurückziehen, solltest du sie in Ruhe lassen.

Wann sind meine Meerschweinchen am aktivsten?

Mit allen Sinnen

Die Sinne deiner Meerschweinchen sind an ihr Leben in der freien Natur angepasst. Dort sind sie ständig unterwegs. Sie suchen nach Futter und passen auf, ob sich ein Feind nähert. Teste, was deine Meerschweinchen alles können.

Was riechen meine Meerschweinchen?

Viele Dinge riechen Meerschweinchen mit ihrer Nase. Baue deinen Tieren eine Rennbahn und lege ein paar Leckereien hinein. Wie schnell finden sie ihre Belohnung?

Sehen meine Meerschweinchen Farben?

Meerschweinchen sehen nicht besonders gut. Ihre Augen können jedoch rundum blicken. So entdecken sie jeden Feind, der sich ihnen nähert. Meerschweinchen erkennen aber drei Farben: Gelb, Rot und Blau.

„Wenn das nicht nach Möhrchen riecht …"

→ Wie gut können meine Meerschweinchen schmecken?

Biete ihnen Gemüse und Obst an: geschälte Gurken, Fenchel, Birne, geschälte Grapefruit, eine Leckerei deiner Wahl. Dann machst du eine Rangliste: Nummer 1 schmeckt ihnen am besten, Nummer 5 am schlechtesten.

→ Was hören meine Meerschweinchen?

Meerschweinchen haben ein sehr gutes Gehör. Sie hören ganz hohe Töne, die du nicht mehr wahrnimmst. Verstecke einige Futterstücke in einer Schachtel und schüttele sie. Kommen deine Tiere angelaufen, wenn sie das Klappern hören?

Wildfutter sammeln

Immer nur dasselbe Essen ist langweilig. Deshalb kannst du deinen Meer-schweinchen im Sommer gesunde, nahrhafte Wildkräuter von ungespritzten, ungedüngten Wiesen sammeln. Sie enthalten wichtige Vitamine — und sie schmecken gut!

➡ Ab und zu ein frisches, grünes Blatt ist ein Leckerbissen. Es wird mit Stumpf und Stiel vertilgt.

Sammeltipps

➡ Sammle immer nur so viel, wie deine Meerschweinchen an einem Tag essen können.

➡ Pflanzen, die direkt an der Straße wachsen, sind oft schmutzig. Lass sie lieber stehen.

➡ Schneide grüne Pflanzen mit einer Schere ab. Entferne trockene oder verwelkte Blätter.

➡ Transportiere die Pflanzen in einem Korb oder einem Stoffbeutel.

➡️ Meerschweinchen-Schlaraffen-land: freie Auswahl unter den frischen Kräutern.

Diese Pflanzen eignen sich als Wildfutter. Welche davon kennst du?

Beifuß ⭕

Gras ⭕

Huflattich ⭕

Kamille ⭕

Löwenzahn ⭕

Vogelmiere ⭕

Wegerich ⭕

➡️ Heu ist eine wichtige Nahrung für Meerschweinchen. Du kannst Heu im Zoogeschäft kaufen. Es macht aber viel Spaß, Pflanzen zu sammeln und als Heu zu trocknen. Besonders gut eignen sich Klee, Luzerne und Gräser. Sammle die Pflanzen und binde sie zu kleinen Sträußen zusammen. Die Sträuße werden im Freien, aber nicht in der Sonne, aufgehängt. Nach drei bis vier Tagen sind sie getrocknet.

Streicheln, Kraulen, Kuscheln

Meerschweinchen sind zarte Tiere. Streichele sie zärtlich und sei nicht grob zu ihnen. Verteile deine Zuwendung gerecht auf alle deine Tiere, auch wenn du einen Liebling hast. Kreuze an, was deine Tiere am liebsten mögen!

Die Brust ist empfindlich. Streichele deine Tiere hier besonders vorsichtig.

Hinter den Ohren sind die meisten Meerschweinchen empfindlich. Kitzele deine Tiere vorsichtig mit einem Finger. Mögen sie das?

Die Füße untersuchst du beim Streicheln. Wie viele Zehen haben deine Meerschweinchen?

Zwischen den Ohren

kannst du die Meerschweinchen mit den Fingern vorsichtig streicheln. Hör aber auf, wenn du merkst, dass sie sich sträuben.

Den Rücken

streichelst du mit der flachen Hand. Folge mit der Hand der Fellrichtung.

Wusstest du ...

wie man ein Meerschweinchen trägt? Wenn deine Meerschweinchen zutraulich geworden sind, kannst du sie auch einzeln hochnehmen und tragen. Streichele ein Tierchen und lege ihm eine Hand unter die Brust. Mit der zweiten Hand stützt du sein Hinterteil. Dann kannst du das Meerschweinchen hochheben und vor deiner Brust festhalten. Denke aber daran, es nicht zu quetschen.

Mit Kamm, Bürste und Lappen

Meerschweinchen pflegen ihr Fell jeden Tag.

Du kannst ihnen dabei helfen, indem du ihren

Käfig sauber hältst und sie regelmäßig bürstest.

Das mögen sie genauso gerne wie Streicheln.

Fit und schlank

Wenn du deine Tiere nicht überfütterst und ihnen regelmäßig Auslauf bietest, bleiben sie fit und schlank. Dennoch solltest du ihr Gewicht ab und zu überprüfen. Trage Datum und Gewicht in die Wiegekarte ein.

Ein Sandbad bauen

Manche Meerschweinchen wälzen sich gerne im trockenen Sand. Breite ein Tuch auf dem Boden aus und stelle eine Schale mit Sand darauf. Allerdings solltest du vorher deine Eltern fragen, denn die Meerschweinchen werden den Sand im Zimmer verteilen.

Der große Hausputz

Einstreu wechseln:
1 x pro Woche
Käfigboden auswaschen:
1 x pro Woche
Nippeltränke mit klarem Wasser spülen: jeden 2. Tag
Futterschale mit klarem Wasser spülen: täglich
Futterreste entfernen: täglich

So kämmst du richtig

Mit einer weichen Bürste streichst du vorsichtig in Fellrichtung. Durch regelmäßiges Bürsten bleibt das Fell schön weich und glänzend.

Wiegekarte

Idealgewicht: ....
Datum: ....
Gewicht: ....

So bleiben deine Meerschweinchen gesund

Auch wenn du dir noch so viel Mühe gibst, es kann vorkommen, dass deine Meerschweinchen krank werden. Zum Glück handelt es sich meistens nur um Kleinigkeiten, die der Tierarzt wieder heilen kann.

➡ In der Natur nützen sich die Krallen ab und bleiben stets kurz. In der Wohnung gibt es dazu kaum Gelegenheit: Die Krallen werden zu lang. Krallenschneiden ist schwierig, dazu braucht man viel Erfahrung, sonst tut man den Tieren weh. Bitte deinen Tierarzt, dies für dich zu tun.

➡ Du kannst auch einen Ziegelstein in den Käfig legen. Deine Tiere scharren darauf herum und nutzen so ihre Krallen stärker ab.

Achtung!
Kranke Meerschweinchen sind geduldig und leiden still. Wenn du eine Veränderung bemerkst, musst du gleich mit ihnen zum Tierarzt gehen.

→ Meerschweinchen sind Nagetiere, ihre Zähne wachsen ständig weiter. Lege ihnen daher immer frische Äste zum Nagen in den Käfig.

Gesund oder krank?

Darauf musst du achten	Gesundes Meerschweinchen	Krankes Meerschweinchen
Verhalten	neugierig, aufmerksam, munter	lustlos, zu ruhig
Augen	blank und klar	entzündet oder verklebt
Nase	trocken und sauber	verkrustet, Schleimausfluss
Hinterteil	sauber	kotverschmiert
Fell	sauber, glänzend	dünn, glanzlos, kahle Stellen
Appetit	isst regelmäßig	ihm schmeckt nichts mehr, es wird dünner

Meerschweinchen-Kunststücke

Du kannst deinen Tieren verblüffende Kunststücke beibringen. Nimm dir aber viel Zeit und werde nicht ungeduldig. Schimpfe nicht mit ihnen, sondern belohne sie mit Leckereien, wenn sie alles richtig machen.

Der Glöckchentrick

Wie wäre es, wenn deine Meerschweinchen immer angelaufen kommen, wenn du ein Glöckchen läutest? Gib ihnen jedes Mal ein Stück Obst, wenn sie auf das Glöckchen hören. Irgendwann haben sie gelernt: Glöckchen bedeutet Futter!

➡ Stelle nebeneinander, im Abstand von einem halben Meter, einen blauen, gelben und roten Futternapf auf.

➡ Möchtest du den Trick deinen Eltern und Freunden zeigen? Zirkusvorstellung mit Meerschweinchen — Tusch und Applaus!

Hier ist doch eine Möhre versteckt! Siehst du sie?

➡ Am Anfang suchen deine Meerschweinchen nach dem Futter, doch bald wissen sie: Futter gibt es im blauen Napf.

➡ Fülle das Futter immer in den Napf mit derselben Farbe.

➡ Schließlich kannst du die Reihenfolge der Näpfe verändern. Deine Meerschweinchen laufen zielstrebig auf den blauen Napf zu.

Urlaub mit Meerschweinchen

Endlich Ferien! Wenn du in Urlaub fährst, musst du auch an deine Meerschweinchen denken. Was brauchen sie? Was musst du für sie vorbereiten?

Meerschweinchen lieben das Vertraute. Am besten nimmst du ihren eigenen Fressnapf mit.

Auch im Urlaub wollen deine Meerschweinchen gebürstet werden. Packe also ihre Bürste mit in den Koffer.

Wenn sie zu Hause bleiben

Nicht immer kannst du deine Meerschweinchen mitnehmen. Bei Freunden oder beim Zoo-fachhändler sind deine Tiere für die Zeit des Urlaubs gut und sicher aufgehoben.

→ Wenn du deine Meerschweinchen mit in den Urlaub nehmen möchtest, musst du unbedingt ihren Käfig mitnehmen. Sonst wäre es viel zu gefährlich für deine Tiere. Achte darauf, dass deine Meerschweinchen keine Zugluft bekommen und dass es im Auto nicht zu heiß ist. In einer solchen Transportbox sind sie während der Fahrt gut untergebracht.

Achtung!

Bevor du irgendetwas planst, erkundige dich danach, ob du die Meerschweinchen mit in das Urlaubsland und in das Hotel nehmen darfst!

→ Frisches Obst und Gemüse gibt es überall. Du solltest aber den Futterautomaten und ausreichend Fertigfutter mitnehmen, damit deine Meerschweinchen ihre gewohnte Nahrung bekommen.

Lauter Meerschweinchen

Die Menschen haben aus dem wilden Meerschweinchen verschiedene Rassen mit langen und kurzen Haaren gezüchtet. Einige davon findest du hier auf dieser Seite.

 Langhaar-Meerschweinchen

 Wildes Meerschweinchen

 Rosetten-Meerschweinchen

Deine Meerschweinchen

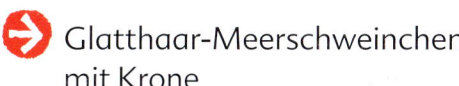 Glatthaar-Meerschweinchen mit Krone

„Mmmmh, das duftet!

Meine Meerschweinchen und ich

Sicher hast du schon viele schöne und lustige Erlebnisse mit deinen Meerschweinchen gehabt. Ihr kennt euch nun gut und seid prima Freunde geworden. Hier kannst du alles eintragen und hinmalen, was dir zu ihnen einfällt.

Kannst du deine Meerschweinchen zeichnen?

Darum mag ich meine
Meerschweinchen

➡ Weil sie so niedlich sind?

➡ Weil sie immer so freundlich sind?

➡ Weil sie immer da sind, wenn ich sie brauche?

➡ Weil sie pfeifen, wenn sie mich sehen?

➡ Weil sie so gerne mit mir kuscheln?

➡ Hier kannst du aufschreiben, was dir sonst noch einfällt:

....

....

....

....

....

....

Meerschweinchen-haltertest

Du liebst deine Meerschweinchen und sie mögen dich. Hier kannst du beweisen, dass du sie auch richtig versorgst. Kreuz alles an, was deine Tiere wohl dazu sagen würden.

Füttern

- ◯ Ich bekomme jeden Tag gesundes, leckeres Gemüse und Heu. (2 P)
- ◯ Mein Wasser wird regelmäßig nachgefüllt und schmeckt immer frisch. (2 P)
- ◯ Mein Futterautomat ist stets gefüllt. (1 P)

Fitness

- ⊗ Ich habe einen großen Käfig mit tollem Zubehör. (2 P)
- ◯ Ab und zu darf ich Sport treiben. Dann krieche ich durch Röhren und laufe im Zimmer herum. (1 P)
- ◯ Bei schönem Wetter darf ich in den Garten. (1 P)

Pflege

- ◯ Ich werde jeden Tag gebürstet. (1 P)
- ◯ Dabei werden regelmäßig meine Augen, Nase und mein Fell kontrolliert. (2 P)

Freundschaft

○ Wenn ich etwas Nettes mache, werde ich immer gelobt. (2 P)
○ Wenn ich den Weg bis zu meiner Toilette nicht schaffe, werde ich nicht geschimpft. (2P)
○ Wenn ich keine Lust zum Spielen habe, lässt man mich in Ruhe. (2 P)

Streicheln

○ Wir schmusen jeden Tag miteinander. (1 P)
○ Ich werde dabei an meinen Lieblingsstellen gekrault. (2 P)

Schlafen

○ Ich habe eine wunderbar kuschelige Schlafhöhle. (2 P)
○ Wenn ich meine Ruhe haben möchte, stört mich niemand. (2 P)

Testergebnis

25 Punkte:
Super! Du bist der perfekte Meerschweinchenhalter.

20 Punkte und mehr:
Dein Meerschweinchen darf mit dir zufrieden sein. Du bist ihm ein liebevoller Freund.

19 Punkte und weniger:
Nicht schlecht, aber du darfst dich ruhig noch etwas anstrengen. Lies einfach noch einmal in diesem Buch nach.

„Köstlich! Am liebsten gleich noch eine!"

Bildnachweis

Juniors Bildarchiv (S. 17, 27o, 30, 35, 40r,); Regina Kuhn (Vor- und Nachsatz, S. 9, 21, 26r, 27r, 28l, 29u, 33r); Christof Salata / Kosmos (S. 10ul, 10o, 11ol, 11or, 14, 15, 23o, 33o, 33m, 36, 37, 38l, 38r, 39r); Ulrike Schanz (S. 4, 8, 10u, 10m,12, 13, 18, 23u, 26l, 29o, 32, 34, 39m, 40o, 40u, 40m, 41r, 42, 44).

Cartoon-Meerschweinchen Klecks wurde von Christian Barthold gezeichnet, alle anderen Illustrationen stammen von Milada Krautmann.

Impressum

Umschlaggestaltung von eStudio Calamar, unter Verwendung eines Farbfotos von Juniors-Bildarchiv.

Mit 54 Farbfotos und 25 Farbzeichnungen.

Die Deutsche Bibliothek — CIP-Einheitsaufnahme

Ein Titelsatz für diese Publikation ist bei der Deutschen Bibliothek erhältlich.

© 2001, Franckh-Kosmos Verlags-GmbH & Co., Stuttgart
Alle Rechte vorbehalten
ISBN 3-440-07784-5
Gestaltungskonzept und Satz: eStudio Calamar
Printed in Italy / Imprimé en Italie
Druck und Buchbinder: Printer Trento s.r.l., Trento

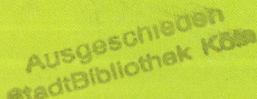

Bücher · Kalender · Spiele · Experimentierkästen · CDs · Videos · Seminare
Natur · Garten & Zimmerpflanzen · Heimtiere · Pferde & Reiten · Astronomie ·
Angeln & Jagd · Eisenbahn & Nutzfahrzeuge · Kinder & Jugend

Informationen senden wir Ihnen gerne zu

KOSMOS Postfach 10 60 11
D-70049 Stuttgart
TELEFON +49 (0)711-2191-0
FAX +49 (0)711-2191-422
WEB www.kosmos.de
E-MAIL info@kosmos.de

Danke
Verlag und Autor bedanken sich bei Herrn Peter Beck, Sachverständiger für Heimtiere, für die fachliche Durchsicht des Buches.